BACKSTAGE
[beluinus anus]

„Der **Ausgang** unseres **Verdauungstraktes** genießt hohes **Ansehen** in Form sehr häufig gebrauchter **Schimpfwörter.**"

Vorwort

Der Ausgang unseres Verdauungstraktes, Anus oder After, genießt wie kaum ein zweiter Körperteil in unserer Umgangssprache bei allen Generationen und über Gesellschaftsschichten hinweg hohes Ansehen in Form sehr häufig gebrauchter Schimpfwörter.

Im täglichen Leben der Menschen und Tiere hat er jedoch wichtige Aufgaben: Der Anus ermöglicht das zielgerichtete Absetzen unserer Stoffwechselendprodukte. An den Orten und zu den Zeiten, die wir als richtig empfinden, weil der ihn umgebende Schließmuskel unserem bewussten Willen unterliegt. Mit anderen Worten: Wir können seine Aktivität – meistens jedenfalls und mit Ausnahme der frühen Kindheit – steuern.

Viele Tierarten setzen mit Hilfe des Afters ganz bewusst ihre Stoffwechselendprodukte – in Form von Linsen, Ballen, Haufen, Würsten, Fladen, Pellets, Kugeln usw. – an ganz besonders sorgfältig ausgesuchten Orten ihres Lebensraumes ab. Vor allem, um auf sich aufmerksam zu machen: an Reviergrenzen, an Flussufern, an Felsvorsprüngen, an Baumstümpfen. Damit der Kot weithin sichtbar und sein Geruch möglichst weit verbreitet ist, oder aber die geruchliche Wirkung möglichst lange erhalten bleibt.

Stoffwechselendprodukte, die in der Leber gebildete und über die Gallenflüssigkeit in den Magen-Darmtrakt ausgeschieden werden und letztlich über den After in die Außenwelt gelangen, tragen wichtige Informationen. So nehmen Artgenossen mit der Nase wahr, ob der Produzent männlich oder weiblich, jung oder alt, dominant oder untergeordnet ist. Zudem erschließt sich mitunter, wann der Kot abgesetzt wurde und um welches Individuum es sich handelt. Dabei spielen insbesondere Sexuallockstoffe wie Pheromone eine erhebliche Rolle, die auch über spezielle, um den After herum gelagerte Duftdrüsen (Analdrüsen), von vielen Tierarten ausgeschieden werden.

Somit ist der After nicht nur die Verbindung zwischen der Innen- und Außenwelt eines Individuums, sondern auch die geruchliche Brücke zwischen dem Ich und den Artgenossen. In diesem Buch zeigen Friso Gentsch und Daniel Hopkins in Bild und Wort faszinierende Einblicke und Erkenntnisse rund um den Anus.

Professor Dr. Michael Böer
Zoodirektor

9 SCHILDKRÖTE	
13 REIHER	17 PINGUIN
21 BARTAGAME	
25 PYTHON	29 NACKTMULL
33 HAUSESEL	37
41 FLACHLANDTAPIR	KANINCHEN
45 HAUSRIND	49 HAUSPFERD
53 SCHWEIN	57 NASHORN
61 OUESSANT-SCHAF	
65 DROMEDAR	69 SCHIMPANSE
73 ALPAKA	76 IMPRESSUM

A***FINDER

Was einst als Idee aus einer Bierlaune heraus entstand, haben wir in den vergangenen Jahren zu einem ausgereiften Konzept entwickelt. Das Ergebnis halten Sie nun in Ihren Händen. Auf den folgenden Seiten finden Sie nicht nur verblüffend ästhetische Bilder von tierischen Ani, sondern darüber hinaus erstaunliche Trivialitäten rund um DAS „Loch". Nutzen Sie zudem die QR Codes, um die jeweiligen Motive als Poster zu bestellen.

Mehr Infos und weitere Ani-Bilder finden Sie hierzu auch auf unserer Webseite www.anuspic.de.

Wir hoffen, dass Sie mit diesem Buch ebenso viel Spaß haben wie wir bei der Umsetzung dieser außergewöhnlichen Idee.

Friso Gentsch Daniel Hopkins

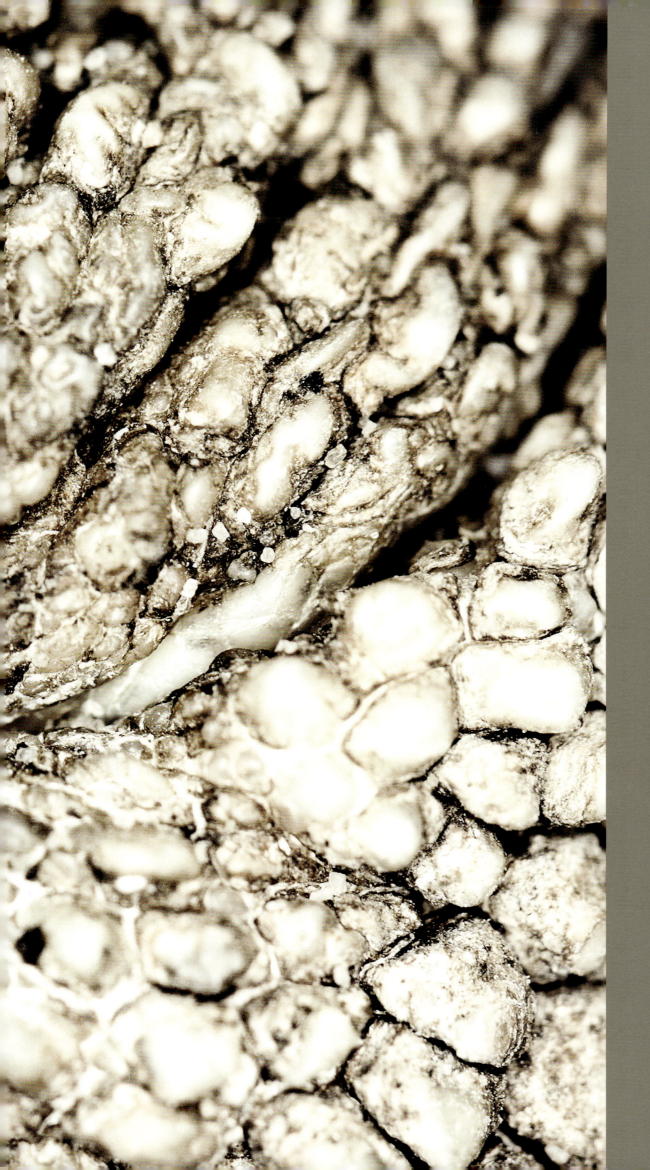

[09]

Pantherschildkröte [Stigmochelys pardalis]

Als größte lebende Pantherschildkröte gilt ein in Gefangenschaft lebendes Weibchen. [70 cm Panzerlänge, fast 50 kg schwer]

Verbreitung: Westliches Südafrika, südliches Namibia
Fressverhalten: Pantherschildkröten ernähren sich fast ausschließlich von Pflanzen

Hier direkt das Anus-Bild als Poster bestellen.

Schon gewusst?

Der teuerste Kaffee der Welt hat eine „anale" Geschichte. Denn Zibetkatzen verspeisen die Kaffeebohnen und scheiden sie unverdaut wieder aus, ehe sie zu Kaffee verarbeitet werden. Die Magen-Darm-Passage der Bohnen durch die Tiere hindurch verleiht der Bohnenoberfläche aufgrund der Verdauungsenzyme der Zibetkatzen geschmacklich wirksame Ergänzungen, die nach dem Rösten ihr besonderes Aroma entfalten und der Kaffeesorte ihre ureigenste Note verleihen.

KIRSCHENFRESSER

Der Paradoxurus hermaphroditus, wie er wissenschaftlich heißt, ist die einzige Katze, die Kaffeekirschen frisst. Nachdem die Katze die Früchte gefressen hat, verdaut sie von diesen nur die rote Schale. Die intakten Kaffeebohnen werden ausgeschieden.

391,78 €

Dies ist der durchschnittliche Preis für ein halbes Kilo dieses besonderen Kaffees. Von der Kaffeesorte Kopi Luwak aus Indonesien werden nur etwa 230 Kilogramm pro Jahr hergestellt. Dadurch erklären sich auch die Spitzenpreise von bis zu 1.200 Euro und mehr pro halbes Kilo. Auf Grund der hohen Nachfrage sind bereits auch erste Fälschungen auf dem Markt.

[13]

Schon gewusst? Seegurken **atmen durch** ihren **After.**

[*Sie saugen das Wasser durch den After ein und filtern im Körper den Sauerstoff aus dem Wasser. Die so genannte Wasserlunge, die sich direkt hinter dem After befindet, ist dabei nicht nur für die Atmung, sondern auch für den Mineralstoffwechsel zuständig.*]

Die größte Reiherart, der Goliathreiher, wird bis zu 140 cm lang und hat eine Flügelspannweite von 230 cm. [Die kleinste Art wird nur 27 cm groß]

Eine Besonderheit des Reihergefieders sind die Puderdaunen. Diese Daunenfedern wachsen ein Leben lang und zerfallen letztlich zu einer puderartigen Substanz, die zur Reinigung des Gefieders verwendet wird.

Reiher [Ardaidae]

Verbreitung: alle Kontinente außer Antarktis
Fressverhalten: Die Nahrung besteht vor allem aus Fischen und anderen wasserbewohnenden Tieren.

Hier direkt das Anus-Bild als Poster bestellen.

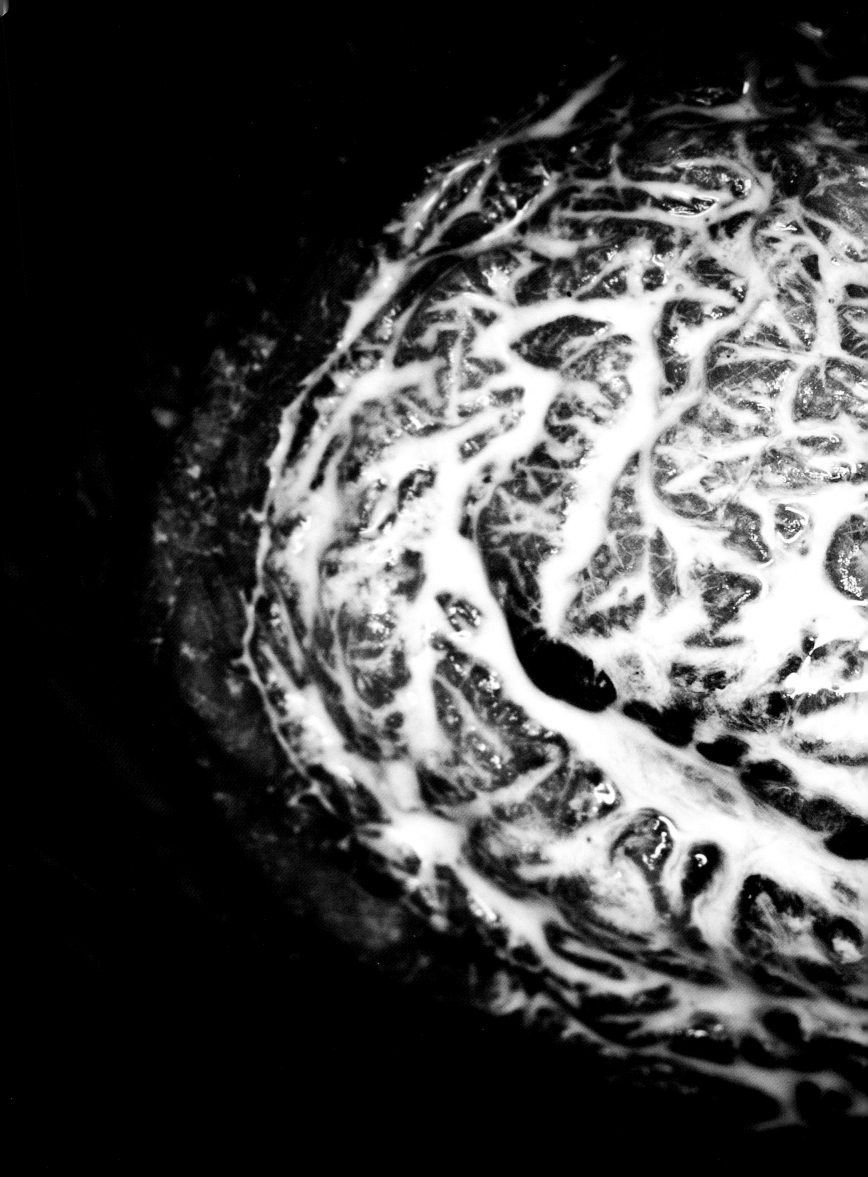

[17]

Hier direkt das Anus-Bild als Poster bestellen.

Humboldt-Pinguin [Spheniscus humboldti]

Verbreitung: Überwiegend an den Pazifikküsten Perus und Chiles
Fressverhalten: hauptsächlich schwarmbildende, pelagische
Fische in der Größe von 36–270 mm und Tintenfische
[pelagisch: im offenen Meer zwischen Wasseroberfläche und
Meeresgrund lebend]

[   ]

Für einen „politischen Skandal" sorgten die Humboldt-Pinguine 2006, als sich in einer größeren Gruppe kein
Zuchterfolg einstellte: Die dort in der Überzahl lebenden Männchen paarten sich untereinander und versuchten Steine auszu-
brüten. Als man daraufhin für die Paarung Weibchen beschaffte, gab es Proteste aus der Schwulen- und Lesbenbewegung.
Man warf der Zooleitung vor, man wolle die Tiere „zwingen", sich mit Weibchen zu paaren.

Schon gewusst?

In Teilen Afrikas, Asiens und Sri Lankas wird Elefantenkot zur Papierherstellung verwendet. Nachdem die Exkremente gewaschen, gekocht, gerührt und mit Farbstoffen angesetzt worden sind, entstehen aus ihnen Postkarten, Notizbücher und viele weitere Produkte aus Papier.

ELEFANTENTRETER

Darüber hinaus werden die Fasern des Kots der grauen Riesen auch für Kleidungsstücke verwendet – vom Babystrampler bis hin zu High Heels.

10 KILO

*Aus 10 Kilogramm Elefantenkot werden bis zu 120 Papier- oder 60 Kartonblätter gemacht.
Ein Elefant frisst 180 kg Futter pro Tag. Durch seine schnelle Verbrennung hinterlässt der Elefant täglich enorme Mengen an Kot.*

[21]

Hier direkt das Anus-Bild als Poster bestellen.

Bartagame [Pogona vitticeps]

*Bartagamen haben einen enormen Kletterdrang.
Allerdings klettern sie niemals an Eukalyptusbäumen hoch!
[Vermutet wird, dass die Oberfläche zu glatt ist.]*

*Verbreitung: Australien
Fressverhalten: Allesfresser*

Schon gewusst?

[*Edle Gerüche finden zuweilen auch in den Exkrementen von Tieren ihren Ursprung. So wird etwa der Dung des Klippschliefers für die Parfümproduktion verwendet.*]

BIBERGEIL

In der Parfümerie ist Bibergeil (oder auch Castoreum), dem eine aphrodisierende Wirkung nachgesagt wird, ebenso Bestandteil von einigen Parfüms. Es handelt sich dabei um ein Sekret aus den Drüsensäcken des Bibers, die als Behälter für artwirksame Geruchsstoffe um den After herum angeordnet sind.

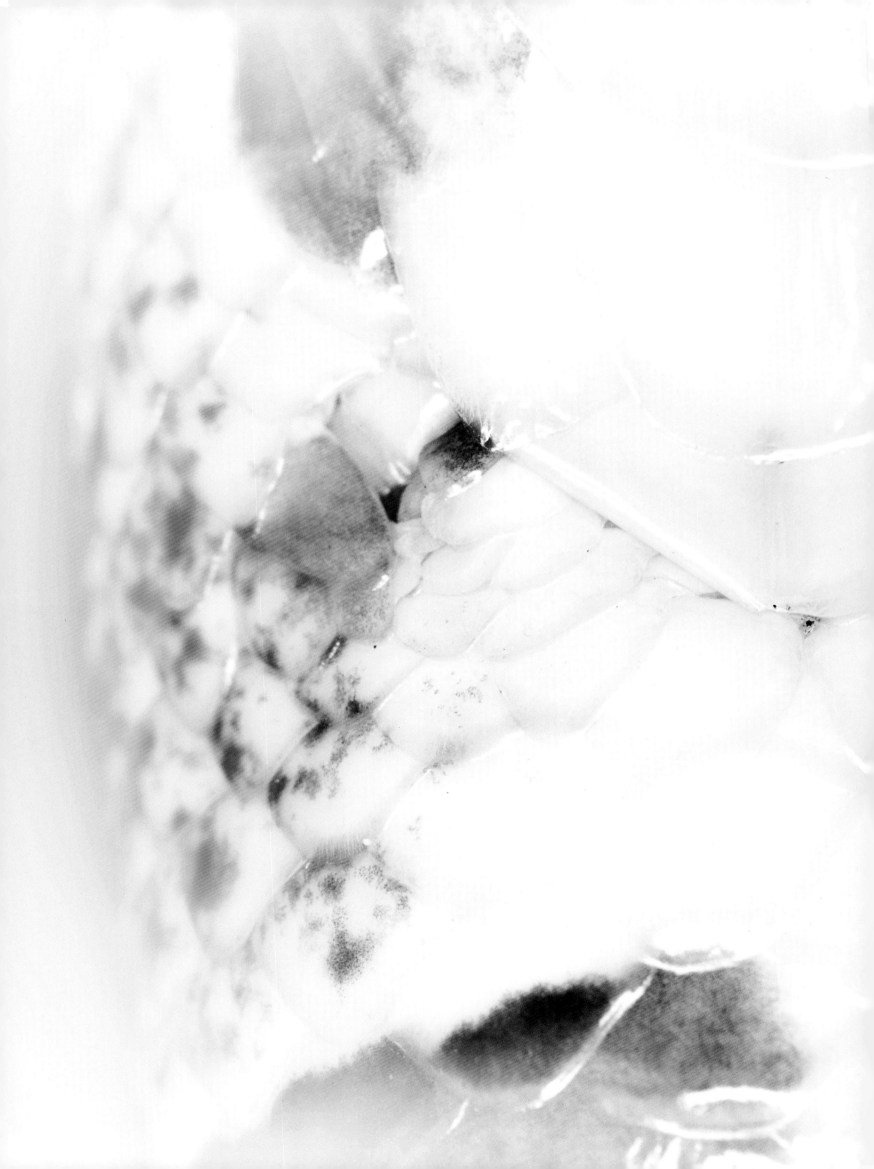

[25]

Schon gewusst? Anus ist eine Sprache und wird noch heute gesprochen.

[*Anus, auch Korur genannt, ist eine austronesische Sprache. Sie wird auf den Podena-Inseln und entlang eines Küstenstreifens östlich des Flusses Biri in der indonesischen Provinz Papua auf der Insel Neuguinea gesprochen. Anal hingegen ist eine von 23.000 Menschen der Naga-Volksgruppe in Indien und Myanmar gesprochene Sprache.*]

Königspython [Python regius]

Ausgewachsene Tiere haben meist Kopf-Rumpf-Längen von 0,8 bis 1,5 m und erreichen maximal etwa 2 m Gesamtlänge

Die Albinokönigspython ist in jungen Jahren eher pink. [Sie bekommt erst im Alter die satte gelbe Färbung.]

Verbreitung: West- und Zentralafrika
Fressverhalten: ernährt sich ausschließlich von kleinen Säugern und Vögeln

Hier direkt das Anus-Bild als Poster bestellen.

[29]

Schon gewusst? Der Suchbegriff „Anus" ergibt bei google über 56.500.000 Treffer!

Der Untertitel unseres Buches „beluinus anus" (lateinisch für „tierischer Anus") erzielte bis zum Druck dieses Buches übrigens nicht einen einzigen Treffer.

[*„Anal" toppt das Ergebnis bei weitem mit 585.000.000 Treffern. Der Grund dafür liegt auf der Hand: Die extrem hohe Anzahl an Erotikseiten im Internet treibt diese Zahl in die Höhe.*]

Nacktmull [Heterocephalus glaber]

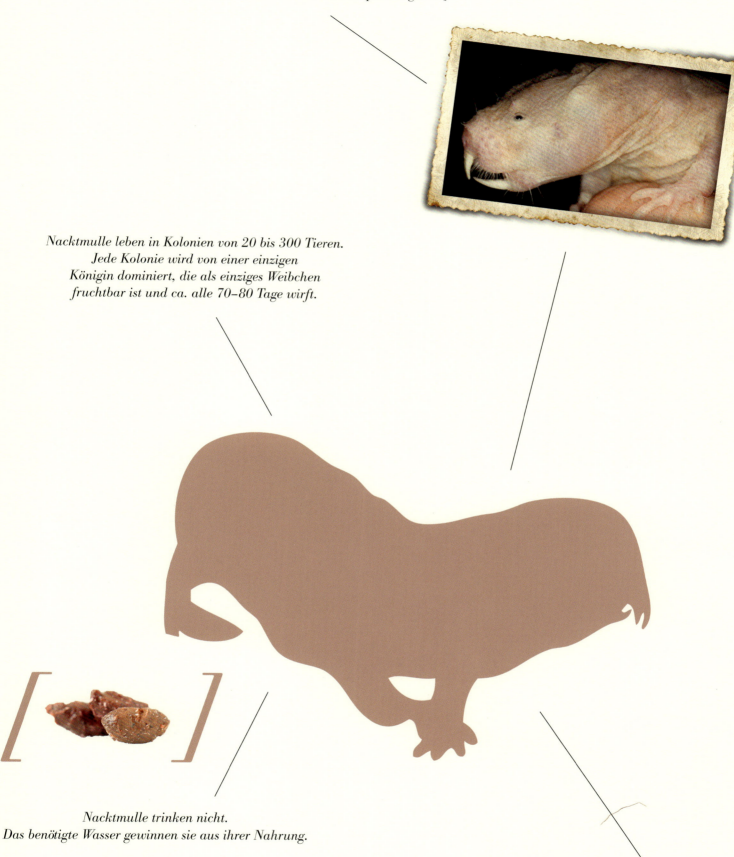

Nacktmulle leben in Kolonien von 20 bis 300 Tieren. Jede Kolonie wird von einer einzigen Königin dominiert, die als einziges Weibchen fruchtbar ist und ca. alle 70–80 Tage wirft.

Nacktmulle trinken nicht. Das benötigte Wasser gewinnen sie aus ihrer Nahrung.

Verbreitung: ausschließlich in den trockenen und heißen Halbwüsten Ostafrikas
Fressverhalten: Pflanzenfresser (genauer gesagt faserige Pflanzenknollen)

Hier direkt das Anus-Bild als Poster bestellen.

[33]

[*Schon gewusst?*]

Ein Pinguin schießt seine Exkremente bis zu 40 Zentimeter weit weg. Damit hält er das eigene Nest und sein Gefieder sauber.

600 HEKTOPASCAL

So hoch ist der Druck, der bei dem Vorgang des „Kot-Schießens" aufgebaut wird. Zum Vergleich: Der Mensch schafft gerade mal ein Viertel.

Schon gewusst? Das Rektum eines Warzenschweins gilt als besondere Delikatesse.

[*Angeblich gilt der Warzenschwein-Anus in Namibia als besondere Delikatesse. Der After wird dabei vom Enddarm getrennt, gründlich gewaschen, ausgedrückt und dann gerade mal so lange gekocht, dass er noch warm ist – und verzehrt.*]

[37]

Das größte Kaninchen der Welt ist Darius. Es ist unglaubliche 1,29 Meter lang, wiegt mehr als 20 Kilogramm. [Er verdrückt zwölf Karotten, sechs Äpfel und einen ganzen Kohlkopf – am Tag!]

Verbreitung: weltweit
Fressverhalten: Pflanzenfresser

Wenn sich Kaninchen bedroht fühlen, klopfen sie mit den Hinterläufen auf den Boden, um die anderen Rudelmitglieder zu warnen.

Kaninchen [cuniculus]

Hier direkt das Anus-Bild als Poster bestellen.

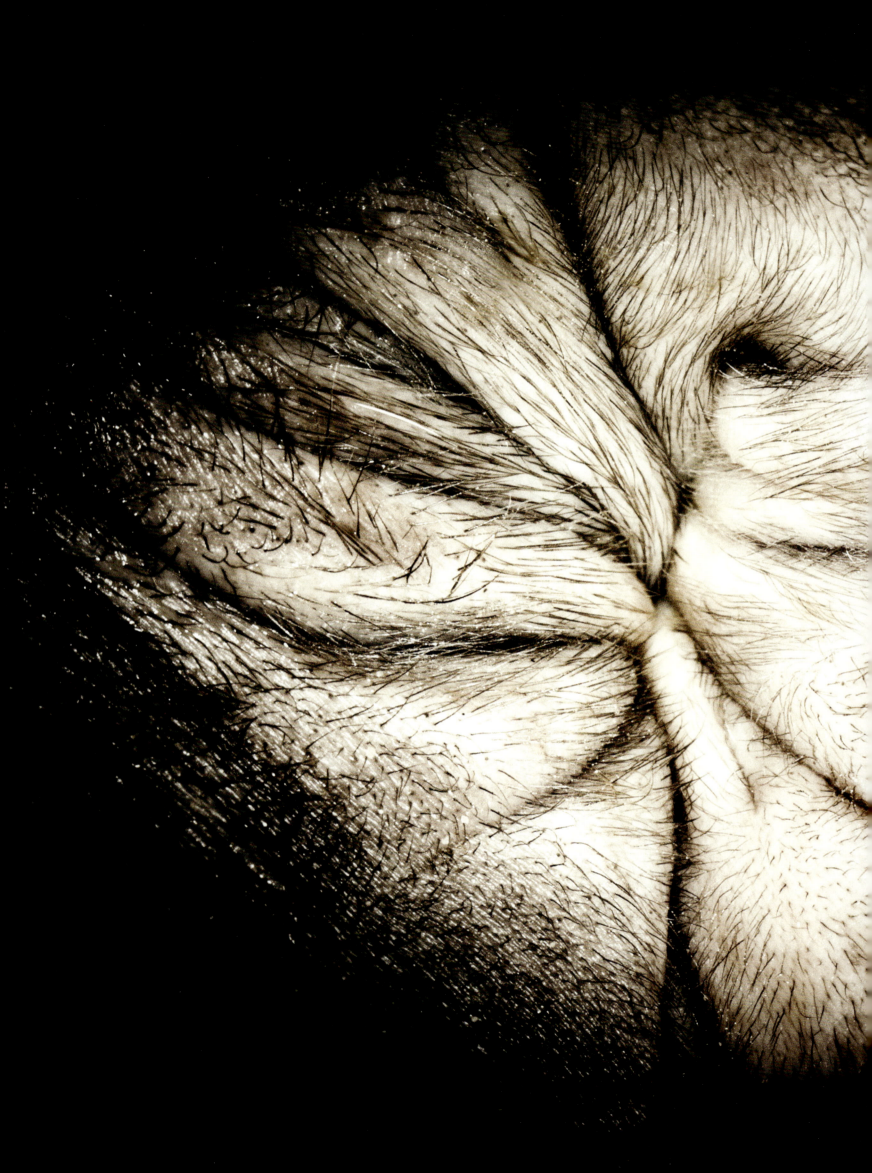

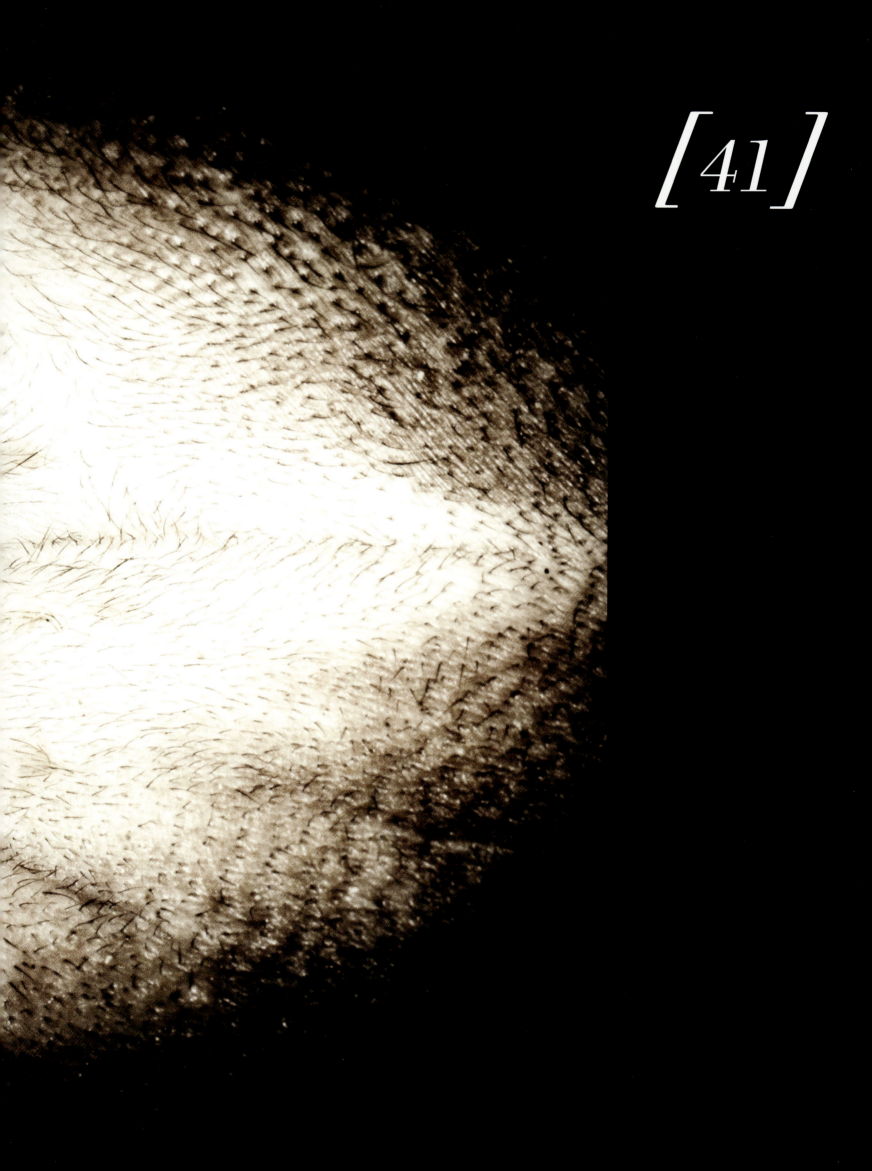

[41]

Hier direkt das Anus-Bild als Poster bestellen.

Flachlandtapir [Tapirus terrestris]

Ausgewachsene Tapire werden bis zu 250 Kilogramm schwer und haben eine Körperhöhe von etwa 1 Meter und eine Länge von 2 Metern.

Verbreitung: Er lebt als Einzelgänger oder in kleinen Familien im Tropischen Regenwald Mittel- und Südamerikas. Fressverhalten: Pflanzenfresser

Schon gewusst?

[Paris gilt als Stadt mit der größten Hundedichte. Nicht ohne Folgen für die Pariser Bevölkerung: In Paris ärgern sich die Bewohner über die Hinterlassenschaften der rund 150.000 Hunde, die in der Hauptstadt leben und Gassi gehen.]

ooh la la!

CROTTOIRS

Die Zeitung „Le Monde" taufte die Flanierstraßen von Paris in „crottoirs" um, eine Verballhornung aus Trottoir und crotte de chien (Hundekot).

16 TONNEN

Das ist die Zahl, die laut Stadtverwaltung pro Tag in Paris an Hundekot produziert wird. Ein kleiner Junge, der fröhlich Kuchen aus Hundekot backt oder eine Rollstuhlfahrerin, die in kotverschmierte Räder greift. Mit den Aufsehen erregenden Bildern will die Stadt Paris ihre Hundebesitzer dazu bewegen, die Hinterlassenschaften der Vierbeiner von den Straßen zu räumen.

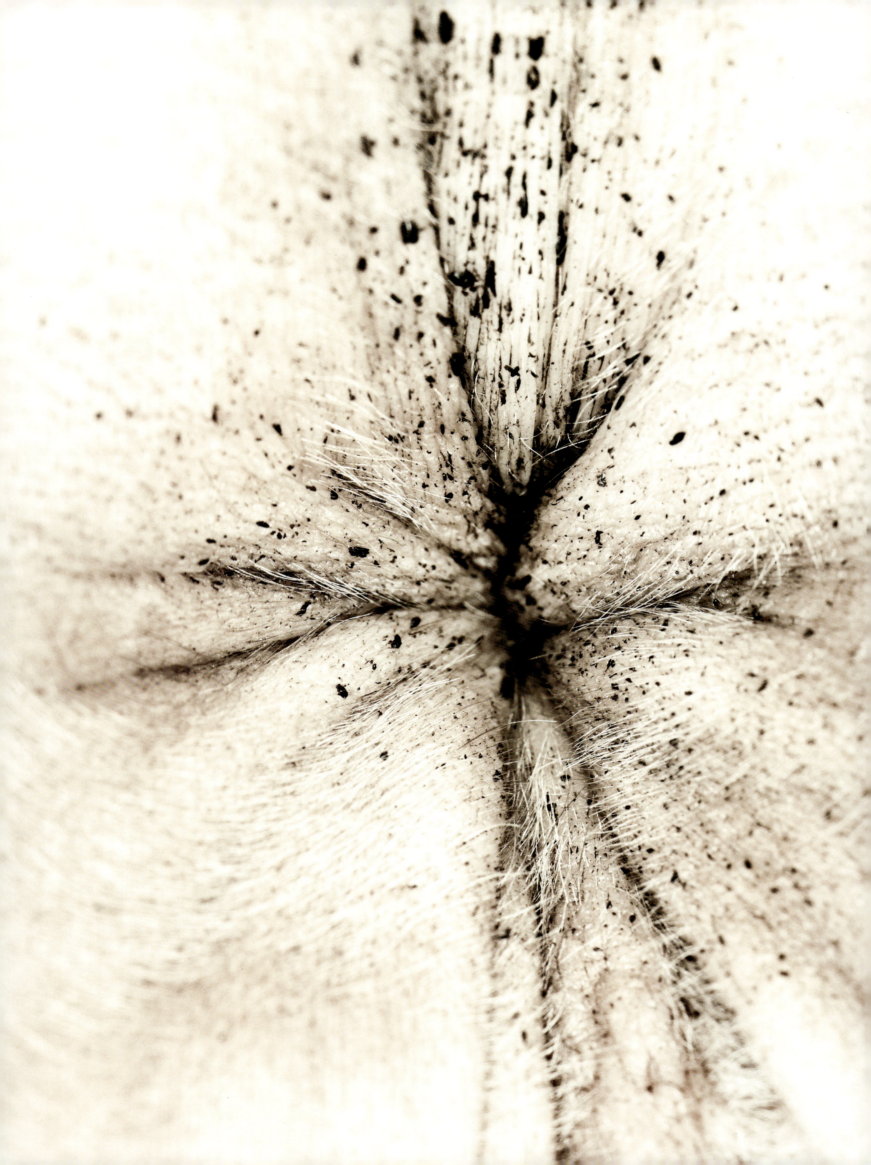

[45]

Schon gewusst? Kuhdung soll tatsächlich gegen Fußpilz helfen.

[*Kuhdung hat antiseptische Eigenschaften. So soll er unter anderem Fußpilz und bakterielle Infektionen verhindern. In ländlichen Regionen Indiens und Pakistans werden daher Fußböden mit den Exkrementen von Kühen bedeckt. Neben den vermeintlichen gesundheitlichen Vorteilen spricht ein weiterer Aspekt für den außergewöhnlichen Einsatz von Kuhdung: Er vertreibt lästige Insekten.*]

Der Rinderkot, landläufig als Kuhfladen bezeichnet, hat einen nennenswerten Brennwert. Getrocknete Kuhfladen werden deshalb in der Dritten Welt als raucharmer Brennstoff benutzt und geschätzt.

Verbreitung: weltweit
Fressverhalten: Pflanzenfresser

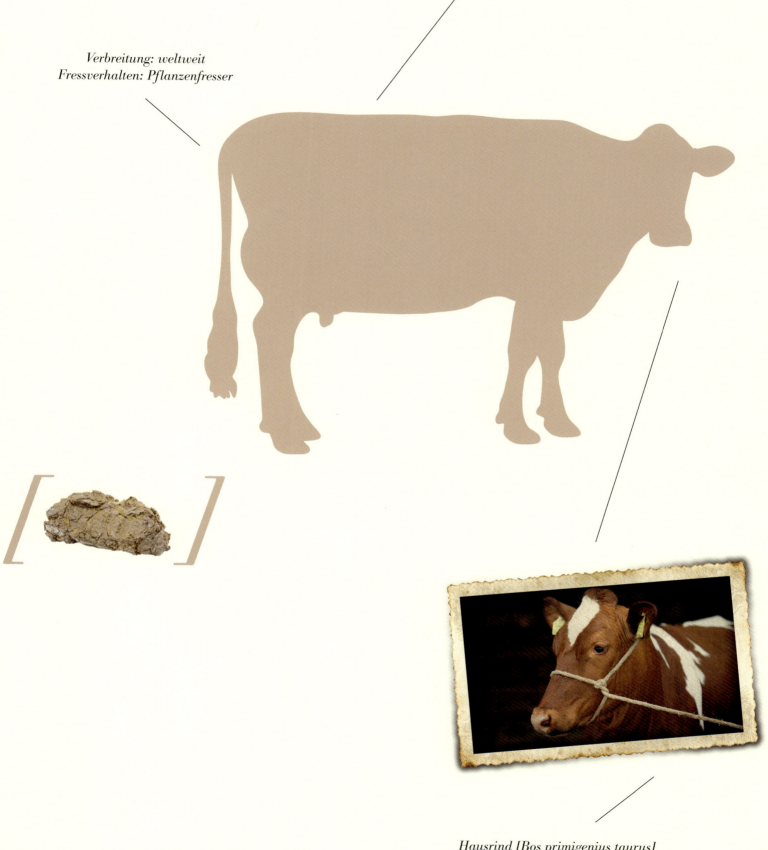

Hausrind [Bos primigenius taurus]

Hier direkt das Anus-Bild als Poster bestellen.

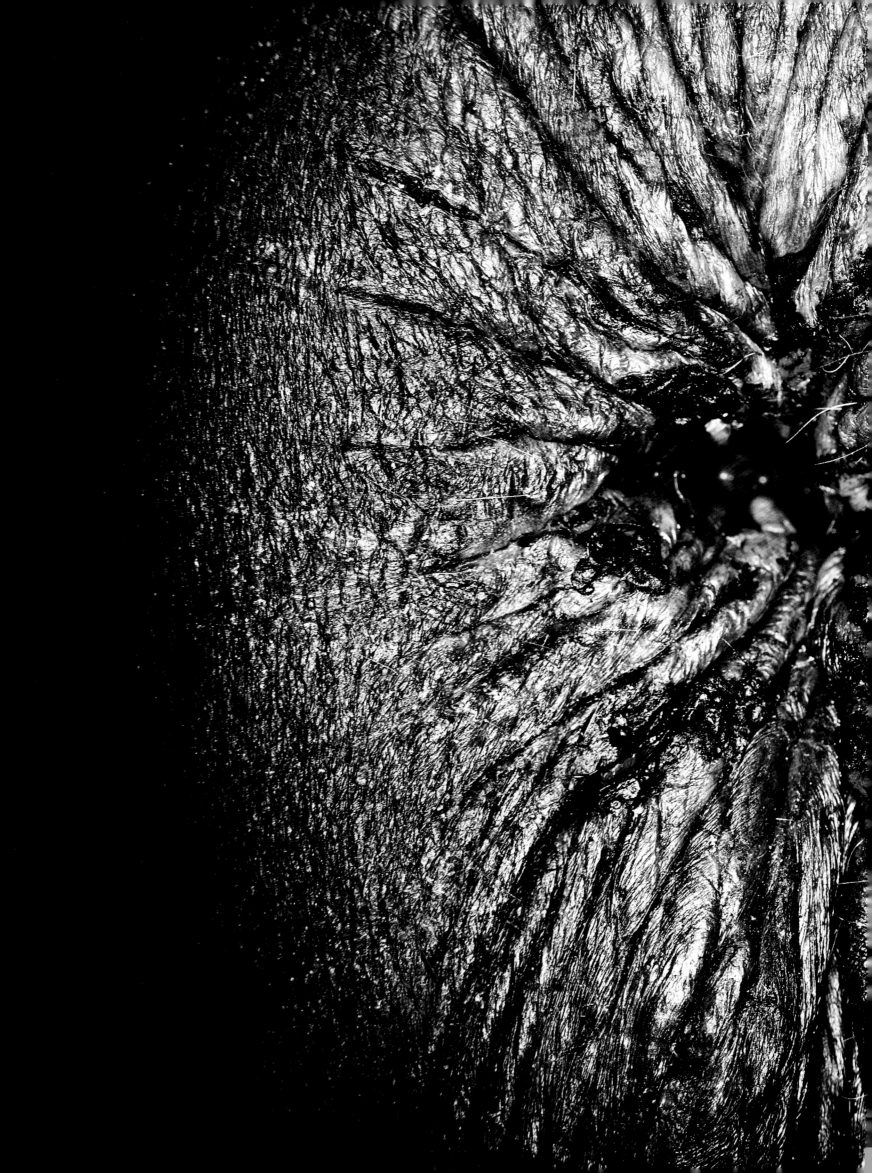

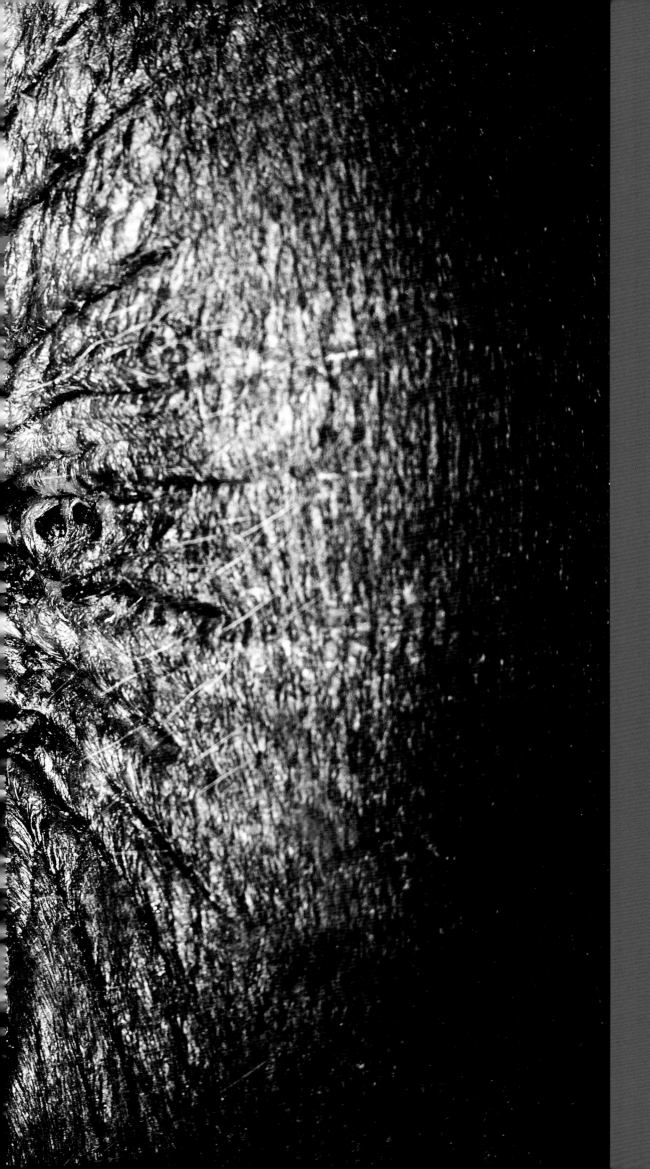

[49]

Hier direkt das Anus-Bild als Poster bestellen.

Hauspferd [Equus ferus caballus]

Verbreitung: weltweit
Fressverhalten: Pflanzenfresser

Weil die Augen seitlich am Kopf liegen, können Pferde fast rundum sehen (350°).

Die Pferdestärke (PS) als Maß für die Leistung geht auf James Watt (1736–1819) zurück, der mit dieser Leistungsangabe seiner Dampfmaschinen deren Überlegenheit gegenüber dem Antrieb durch Pferde vermitteln wollte.

Schon gewusst?

[*Anus lautet auch der Name eines kleinen Dorfes in Frankreich. Unklar ist, ob die Einwohner des im Burgund liegenden Fleckens regelmäßig damit aufgezogen werden, dass sie – nicht nur sprichwörtlich – am „Arsch der Welt" leben.*]

AM A****

Nicht minder schwer dürften es die Bewohner des US-amerikanischen Städtchens Mianus haben. Mianus wird wie „My anus" ausgesprochen! Das sorgte nicht nur in der weltbekannten TV-Serie „Jackass" für lustige Wortspielereien.

[53]

Schon gewusst? Laut Fashion-Presse soll sich Tom Cruise mit „Kot" die Falten behandeln lassen.

Der Meldung nach schwören übrigens auch die Beckhams auf diese Art der Verjüngungskur. (Quelle: Glamour Ausgabe August 2013)

[*Die Exkremente des Japanbuschsängers, auch Japanische Nachtigall genannt, werden für eine Verjüngungsmaske namens „Geisha Facial" verwendet. In pulverisierter Form dient der Vogelkot als Hautaufheller und zur Faltenentfernung.*]

Hausschwein [Sus scrofa domestica]

Das Hausschwein ist eines der am frühesten domestizierten Haustiere in der menschlichen Zivilisationsgeschichte und wird seit vermutlich 9000 Jahren zur Fleischerzeugung gehalten.

Verbreitung: weltweit
Fressverhalten: Allesfresser

Schweine können nicht schwitzen.

Hier direkt das Anus-Bild als Poster bestellen.

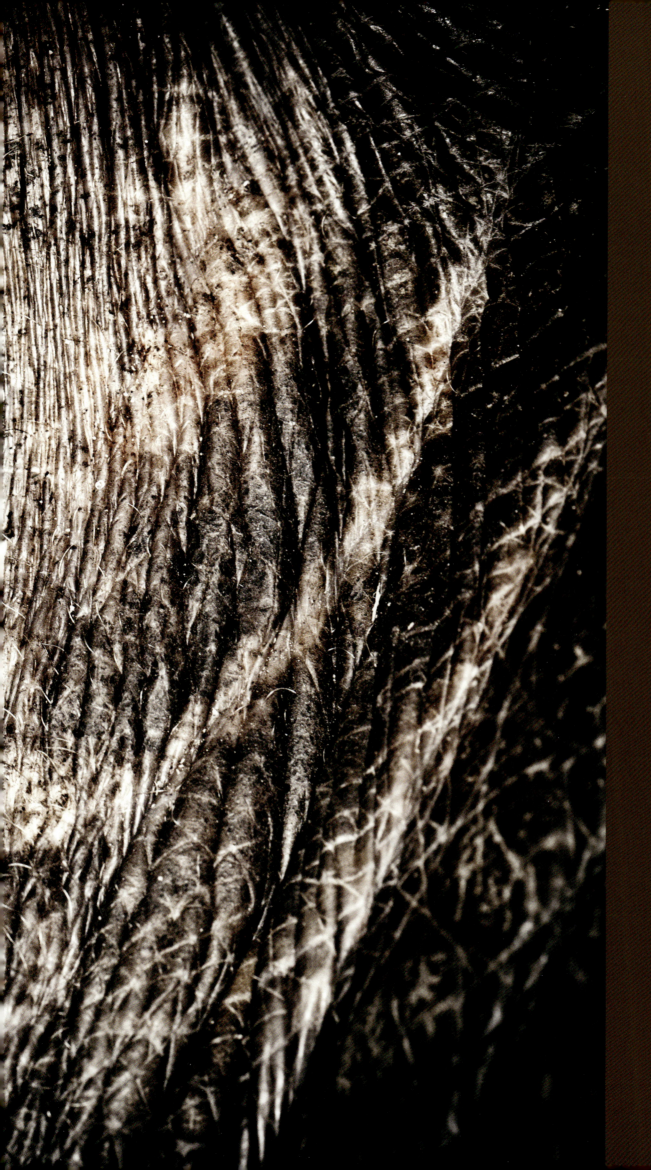

[57]

Nashorn [Rhinocerotidae]

Verbreitung: Nashörner leben heute in Afrika südlich der Sahara und in Süd- bzw. Südostasien sowohl in Savannenlandschaften als auch in Tropischen Regenwäldern in Hoch- oder Tiefländern.
Fressverhalten: Pflanzenfresser

Das Gewicht schwankt bei ausgewachsenen Tieren zwischen 500 Kilogramm und 3,6 Tonnen. [Aber, wenn das Nashorn erst einmal in Bewegung kommt, ist es schwer zu bremsen. Ein Nashorn läuft bis zu 45 km/h schnell.]

Hier direkt das Anus-Bild als Poster bestellen.

Auf dem Schwarzmarkt wird jedes Kilogramm Horn eines asiatischen Nashorns mit bis zu 30.000 US-Dollar gehandelt.

Schon gewusst?

[*Ein britisches Unternehmen verkauft belgische Schokolade unter dem Namen „Edible Anus". Es handelt sich dabei um Pralinen, die die Form eines Polochs haben. Laut Hersteller handelt es sich dabei um echte „Handarbeit".*]

ANUS LUTSCHEN

Na klar: Ein After zum Essen. Aus Schokolade. Wer schon immer auf einem Anus kauen wollte, muss sich beeilen. Die Schokoladenpralinen in Rosetten-Form können auf der zugehörigen Website bestellt werden und erfreuen sich hoher Beliebtheit – regelmäßig bricht die Seite zusammen, weil zu viele Internet-User sehen wollen, was sich hinter dem intimen Naschwerk verbirgt.

4000 Schachteln

Die Pralinen werden seit 2007 verkauft. Anfangs lief der Verkauf laut Hersteller eher schleppend an. Mittlerweile produziert die Firma jährlich 4000 Pralinenschachteln für ihre weltweite Kundschaft.

[61]

Schon gewusst? Kaninchen versehen ihren Kot mit einem individuellen Duft.

So erkennen andere Kaninchen im Rudel, um wessen „Geschäft" es sich handelt.

[*Kaninchen haben seitlich vom After Analdrüsen, die den Kot mit einem besonderen Duft überziehen. Das Sekret der Analdrüsen sorgt dafür, dass jedes Tier einen individuellen Duft verteilt.*]

Ouessant-Schaf [oder auch Bretonisches Zwergschaf]

Das Ouessant-Schaf stammt ursprünglich von der Île d'Ouessant, einer 15,6 Quadratkilometer großen, baumlosen französischen Atlantik-Insel.

Hier direkt das Anus-Bild als Poster bestellen.

Zwischen 1930 und 1940 verschwand das Ouessant-Schaf völlig von der Insel und wäre im Verlauf des letzten Jahrhunderts fast völlig ausgestorben. Ursache für den Rückgang war die Einkreuzung größerer Schafrassen. Privaten Züchtern in der Bretagne und der G.E.M.O. (Groupement des Eleveurs de Moutons d'Ouessant) ist der Erhalt der Rasse zu verdanken.

[65]

Hier direkt das Anus-Bild als Poster bestellen.

Dromedar [Camelus dromedarius]

Verbreitung: Das Dromedar ist in ganz Nordafrika, am Horn von Afrika und in Südwest-Asien vom vorderen Orient bis nach Indien als Haustier verbreitet.
Fressverhalten: Pflanzenfresser

Während einer Trockenperiode kann ein Dromedar bis zu 25 % seines Körpergewichts verlieren, ohne zu verdursten. [In zehn Minuten kann es durch Wasseraufnahme sein durch Schwitzen verlorenes Körpergewicht wieder erreichen.]

Schon gewusst?

[*Exkremente haben über viele Jahrhunderte in der Religion eine wichtige Rolle gespielt, und in manchen Kulturen haben sie noch heute eine zeremonielle Bedeutung.*]

HEILIGE
Exkremente

*Die Maya hielten Kot für etwas Göttliches.
Manche Hindus essen Kuhdung als Buße für ihre Sünden. Und Aborigines im Süden von
Australien bestreichen sich zum Zeichen der Trauer mit Tierkot.*

[69]

Schon gewusst? Einige Tiere **wehren** durch gezieltes **Verspritzen von Sekreten** ihre **Feinde ab.**

[*Das Sekret, das durch tierische Analdrüsen abgesondert wird, hat mehrere Funktionen: Bildung eines Individualgeruches zur gegenseitigen Identifizierung („Analgesicht"), Markieren des Territoriums und von Sexualpartnern, Signalisierung von Paarungsbereitschaft durch Absondern von Pheromonen, zur Abwehr von Feinden sowie zur leichteren Ausscheidung von festem Kot (als „Gleitmittel").*]

Schimpanse [Pan troglodytes]

Verbreitung: Mittleres Afrika
Fressverhalten: Allesfresser

Zur Nachtruhe fertigen Schimpansen ein Nest aus Zweigen und Laub an. Dieses Nest liegt meist auf Bäumen in 9 bis 12 Meter Höhe und wird üblicherweise nur einmal verwendet.

Hier direkt das Anus-Bild als Poster bestellen.

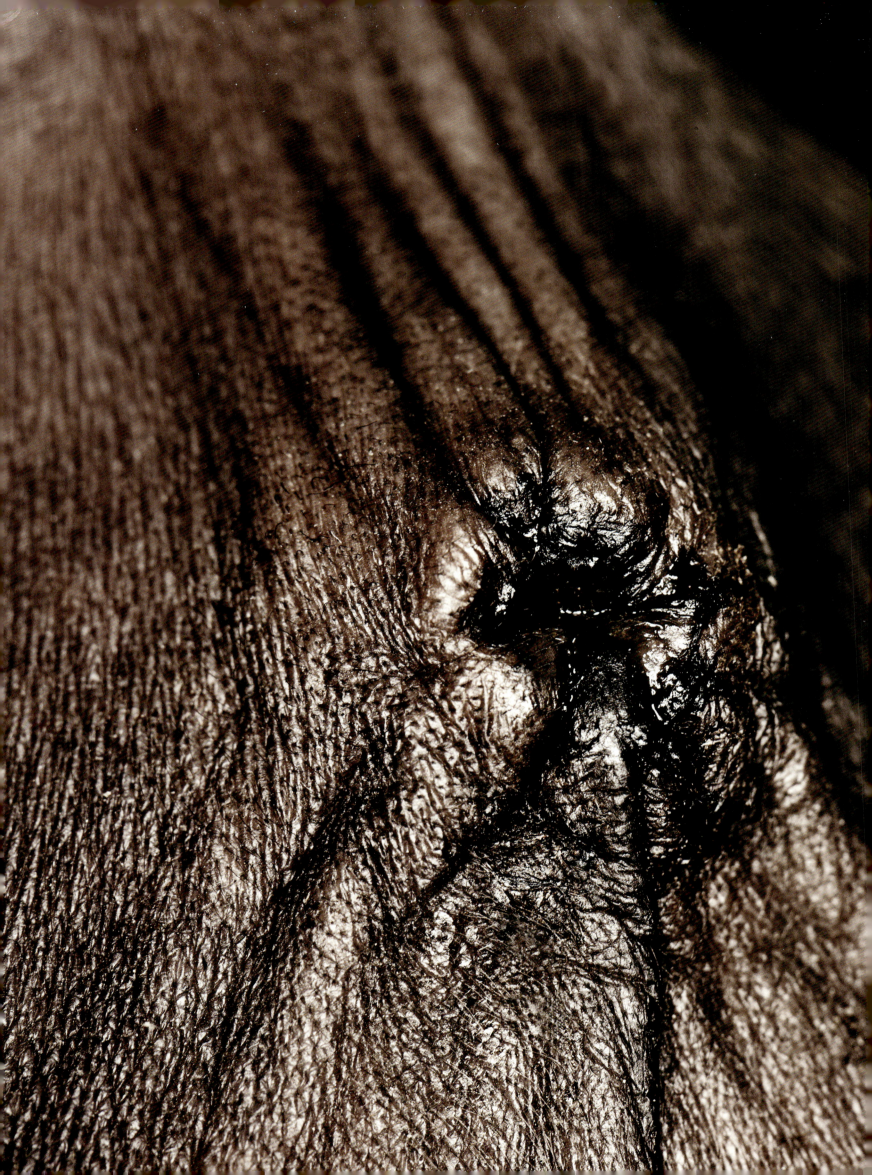

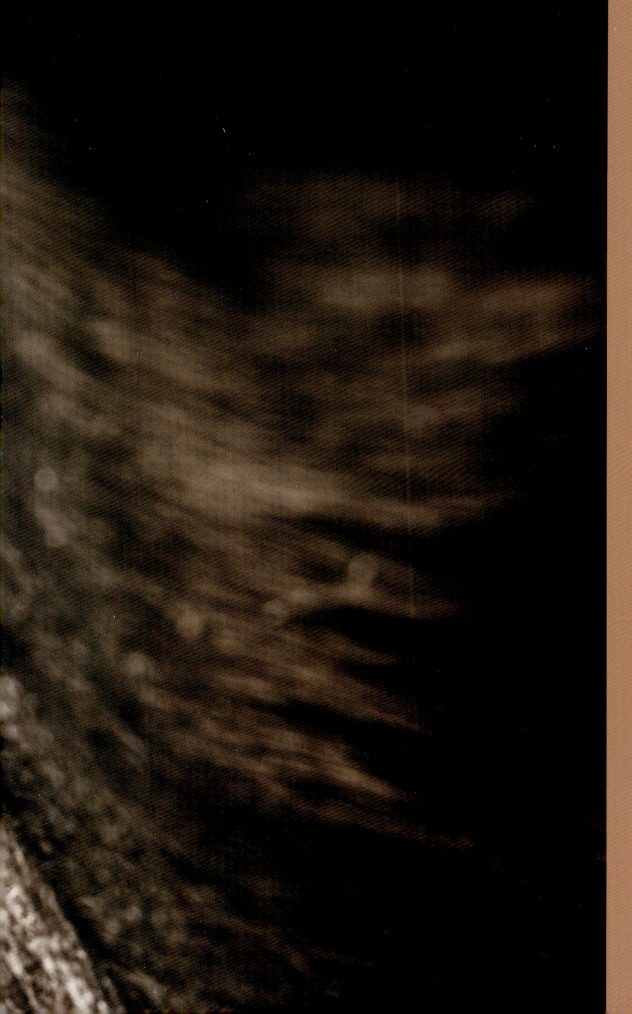

[73]

Schon gewusst? Es gibt Menschen, deren **Beruf** tatsächlich „Anus-Anschauer" ist.

[*Es gibt Menschen, die sich After von Berufswegen ganz genau anschauen: Proktologen. [Die Proktologie oder Koloproktologie ist ein medizinisches Teilgebiet, das sich mit den Erkrankungen des Enddarms, also genauer des Grimmdarms, des Mastdarms und des Analkanals beschäftigt.]*]

Hier direkt das Anus-Bild als Poster bestellen.

Alpaka [Vicugna pacos]

Bei den Inka galt ein Alpakamantel als Zeichen des Wohlstands.

*Verbreitung: stammt aus den südamerikanischen Anden
Fressverhalten: Pflanzenfresser*

Auf Grund des ruhigen und friedlichen Charakters der Alpakas werden diese in Deutschland in der tiergestützten Therapie eingesetzt. Hauptsächlich werden sie aber wegen ihrer Wolle gezüchtet.

©PRovoke Media
Osnabrück | Germany
Fotografie | Konzept:
Friso Gentsch | eye-work.com
Idee | Konzept:
Daniel Hopkins
Layout | Design:
Christina Kasperczyk
Druck:
Günter Druck GmbH | Georgsmarienhütte

ISBN 978-3-00-043338-2
Printed in Germany
1. Auflage | Oktober 2013

Mit dem Verkauf dieses Buches wird das Artenschutzprogramm des Osnabrücker Zoos unterstützt.
Bei der Einholung von (wissenschaftlichen) Informationen wurde auf Inhalte von wikipedia.de oder auf den Rat von ausgewiesenen Experten vertraut.
Zu illustrativen Zwecken wurden Bilder aus dem Stock von Fotolia genutzt.
Autorenfoto: Uwe Lewandowski

[*Alle Rechte liegen bei PRovoke Media. Das gesamte Werk ist urheberrechtlich geschützt. Jede Verwertung außerhalb der Grenzen des Urheberrechtsgesetzes ist ohne Zustimmung von PRovoke Media unzulässig und strafbar. Das gilt insbesondere für Vervielfältigungen, Mikroverfilmungen, die Einspeicherung und Verarbeitung in elektronischen Systemen sowie für Übersetzungen. Alle Angaben in diesem Buch sind sorgfältig geprüft und geben den neuesten Wissensstand wieder. Eine Garantie kann dennoch nicht übernommen werden. Eine Haftung der Verfasser oder von PRovoke Media für Personen-, Sach- oder Vermögensschäden ist ausgeschlossen.*]